Serviettentechnik
Neue Dekorationsideen

Susanne Helmold

Serviettentechnik

Neue Dekorationsideen

Urania–Ravensburger

Die Deutsche Bibliothek – CIP-Einheitsaufnahme
Ein Titeldatensatz für diese Publikation ist bei
Der Deutschen Bibliothek erhältlich.

www.dornier-verlage.de
www.urania-ravensburger.de

Umschlaggestaltung: Behrend & Buchholz, Hamburg
Fotos: Markus Hertrich
Lektorat: Berliner Buchwerkstatt,
Ivana Jokl/Vera Olbricht
Satz: Tritec, Berlin
Druck: Sachsendruck GmbH, Plauen
Printed in Germany

Gedruckt auf alterungsbeständigem Papier mit chlorfrei gebleichtem Zellstoff.

Die Schreibweise entspricht den Regeln der neuen Rechtschreibung.

ISBN 3-332-01208-8

04 03 02 01 4 3 2 1

Bin im Garten

Vorwort

Die Anwendung der Serviettentechnik ist denkbar einfach. Sie benötigen dazu eine Serviette mit einem hübschen Motiv, etwas Lack und einen Gegenstand, dem Sie ein neues Aussehen verleihen möchten. Dank eines breiten Angebots an bedruckten Servietten lässt sich für jeden Geschmack ein passendes Muster oder Bildmotiv finden. Auch ohne Zeichen- und Malkenntnisse können Sie mit einfachen Mitteln auf einer schlichten Dose, einem Teller, einem Blumentopf oder einem alten Tisch die Illusion einer naturgetreuen Malerei erzeugen. Ungeliebte Alltagsgegenstände bekommen so einen neuen Reiz, eintönige Untergründe werden attraktiv und lebendig. Auf den folgenden Seiten finden Sie Dekorationsideen für Holz, Glas, Porzellan, Terrakotta, Papier und sogar für Kerzen und Stoffe. Sie können die vorgestellten Beispiele nacharbeiten oder sie einfach als Anregung für Ihre eigenen Projekte benutzen.

Viel Vergnügen beim Schneiden und Kleben wünscht Ihnen

Susanne Helmold

Material und Werkzeug

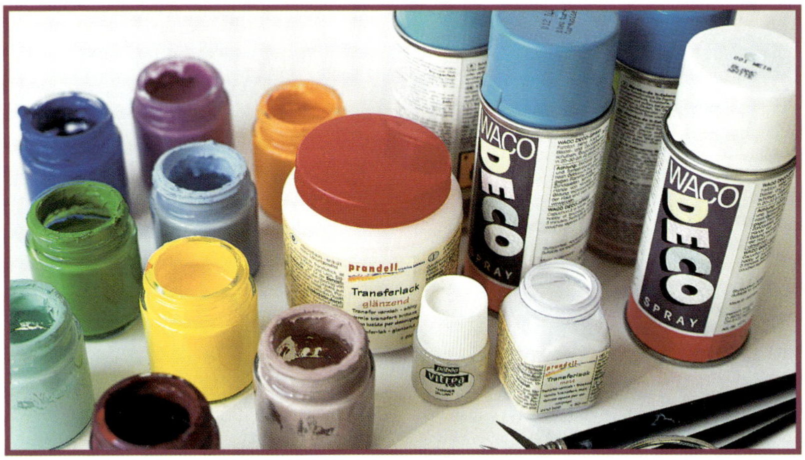

Mit ausgeschnittenen Serviettenmotiven und Transferlack – einem farblosen Lack auf Wasserbasis – können fast alle Untergründe, z. B. Holz, Glas, Keramik, Kunststoff sowie Kerzen und Stoffe, auf einfache Weise dekorativ gestaltet werden. Lassen Sie sich von der Vielfalt der im Handel angebotenen Servietten inspirieren und verschönern Sie schlichte Accessoires oder unansehnlich gewordene Gegenstände einfach mit schönen Serviettenbildern. Auch für Gegenstände im Außenbereich ist diese Dekorationstechnik hervorragend geeignet, sie sollten jedoch zum Schutz vor Feuchtigkeit zusätzlich mit Lack versiegelt werden.

Das wird für die Serviettentechnik benötigt:

• *zu dekorierender Gegenstand, matte oder glänzende Acrylfarben, Feinhaarpinsel in verschiedenen Größen, Papierservietten mit Ornamenten oder Bildmotiven, kleine Schere, Bastelschere und Transferlack.*

Bei zahlreichen Modellen in diesem Buch wird die Serviettentechnik mit anderen Dekorationstechniken kombiniert. Dafür werden unter anderem folgende Hilfsmittel benutzt, auf die bei den entsprechenden Beispielen hingewiesen wird:

• *Krakelierlack, Dekospray, Lackmalstifte, Schellack, Blattmetall in Gold, Anlegemilch, Naturschwamm/Schwammpinsel und Schleifpapier*

Die Serviettentechnik Schritt für Schritt

1 Bevor Sie mit der Arbeit beginnen, sollten Sie alle benötigten Materialien und Werkzeuge bereitlegen.

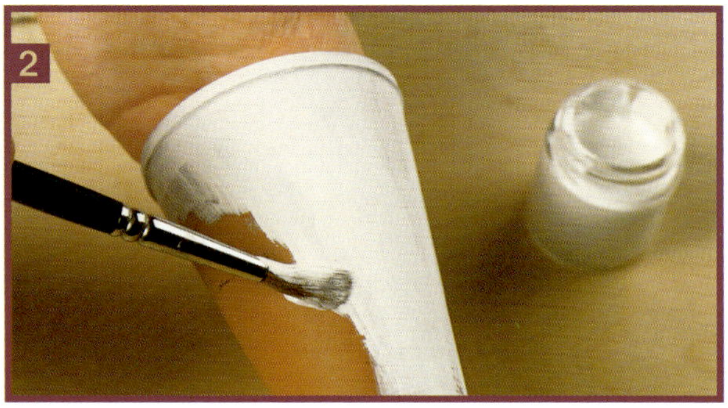

2 Zunächst grundieren Sie den zu verschönernden Gegenstand mit einem großen Feinhaarpinsel und heller Acrylfarbe und lassen den Anstrich 30 bis 40 Minuten trocknen. Der Trocknungsprozess kann mit einem Haarföhn beschleunigt werden. Richten Sie den Föhn jedoch immer im Abstand von 20 bis 30 cm auf die Farbe.

3 Je nach Wunsch kann der Untergrund mit Krakelierlack behandelt werden. Diese Technik, Krakelee genannt, simuliert das Aussehen eines alten Anstrichs mit Rissen und Sprüngen. Tragen Sie den Krakelierlack dünn und gleichmäßig auf die Grundierungsfarbe auf und lassen Sie ihn ebenfalls 30 bis 40 Minuten trocknen.

4 Wenn der Krakelierlack vollständig getrocknet ist, streichen Sie den Gegenstand in der gewünschten Deckfarbe. Tragen Sie die Farbe mit dem Pinsel immer nur in einer Richtung auf, um ein gleichmäßiges Farbbild zu erhalten. Die Farbschicht reißt sofort auf und kleine Risse werden sichtbar.

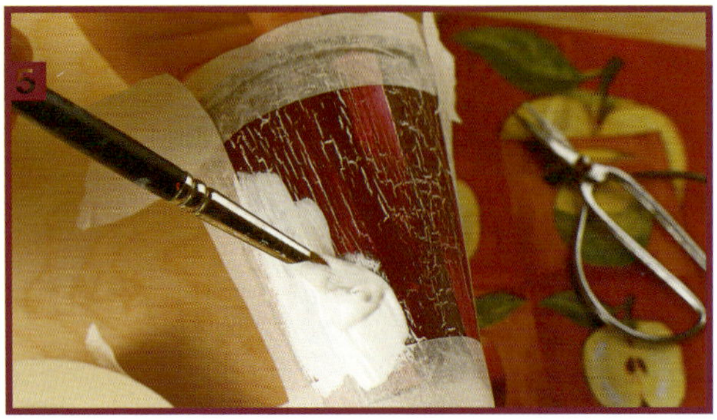

5 Nach dem Trocknen der Farbe mit Kreppband ein der Größe des Motivs entsprechendes Viereck auf der Vorderseite des Terrakottatopfes markieren. Überstreichen Sie diesen Ausschnitt noch einmal mit heller Acrylfarbe, sodass sich das Serviettenmotiv später gut vom Untergrund abhebt. Auch diese Farbschicht zeigt während des Trocknungsprozesses eine leichte Rissbildung und sollte gut durchtrocknen.

6 Aus der bereitgelegten Serviette das gewünschte Motiv ausschneiden. Alternativ können die Motive auch vorsichtig herausgerissen werden.

7 Entfernen Sie vorsichtig die beiden unteren, unbedruckten Serviettenlagen des ausgeschnittenen Motivs, da nur die obere Lage benötigt wird. Den markierten Ausschnitt auf dem Gegenstand mit Transferlack grundieren. Benutzen Sie dazu einen Feinhaarpinsel mittlerer Größe.

8 Legen Sie das Motiv auf die noch feuchte Transferlackschicht auf und drücken Sie es vorsichtig auf den Untergrund. Streichen Sie es anschließend mit dem Pinsel oder den Fingerspitzen von innen nach außen aus, um Lufteinschlüsse und Falten zu vermeiden. Arbeiten Sie dabei zügig und streichen Sie nicht zu oft über die gleiche Stelle, damit das Papier nicht einreißt. Sollte dies doch einmal der Fall sein, kann das Motiv mit einem feuchten Schwamm wieder abgenommen werden, solange der Lack noch nicht getrocknet ist. Nach einer Trockenzeit von mindestens 30 Minuten wird das Serviettenmotiv mit Transferlack überstrichen. So ist es vor Verschmutzungen geschützt.

9 Zum Schluss werden der obere und der untere Rand des Terrakottatopfes mit einem kleinen Feinhaarpinsel und weißer Acrylfarbe mit schmalen Zierlinien versehen.

Alle in diesem Buch verwendeten Farben und Lacke sind auf Wasserbasis hergestellt, nach Gebrauch können die Pinsel einfach unter fließendem Wasser gereinigt werden.
Wenn Sie keinen Krakelierlack verwenden möchten, überspringen Sie einfach den zweiten, dritten und vierten Schritt und applizieren das Serviettenmotiv direkt auf den grundierten Gegenstand. Die Oberfläche der Werkstücke kann vor dem Aufbringen des Motivs auch mit einem Naturschwamm oder einem breiten Acrylpinsel im gewünschten Farbton dekoriert werden.

Lampe mit Rosen

Material und Werkzeug

- *Tischlampe mit hellem textilem Lampenschirm*
- *Servietten mit Rosenmotiv*
- *Transferlack*
- *Teller*
- *Bleistift*
- *Pinsel*
- *Schere*

Servietten mit All-Over-Motiven, wie diese mit Rosenmuster, führen besonders schnell zu einem dekorativen Ergebnis, da die Serviette als Ganzes aufgeklebt wird und das Ausschneiden der Motive entfällt. Verdünnen Sie den Transferlack auf einem Teller mit etwas Wasser, um ihn streichfähiger zu machen.

Markieren Sie die Größe der ausgebreiteten Serviette mit einem Bleistift auf dem Lampenschirm und grundieren Sie zunächst nur diese Fläche. Die oberste Lage der Serviette ablösen und auf den Lampenschirm auflegen. Streichen Sie das Papier vorsichtig mit den Fingern oder dem Pinsel von innen nach außen aus, um Falten und Lufteinschlüsse zu vermeiden.

Den Transferlack trocknen lassen, anschließend die übrige Fläche des Lampenschirms grundieren. Die oberste Lage einer zweiten Serviette auf dem Untergrund aufbringen und ebenfalls von innen nach außen ausstreichen.

Nach dem vollständigen Trocknen werden die überstehenden Ränder der Serviette mit der Schere abgeschnitten. Zum Schluss den Lampenschirm mit Transferlack versiegeln.

Vase mit Tulpenmotiv

Material und Werkzeug

- *cremefarbene Vase*
- *Servietten mit Tulpenmotiv*
- *Transferlack*
- *Teller*
- *Bleistift*
- *Pinsel*
- *Schere*

Den Transferlack auf einem Teller mit etwas Wasser verdünnen, so lässt er sich besser verstreichen. Je nach Form und Größe der Vase benötigen Sie eine oder zwei Servietten. Reicht eine Serviette nicht aus, die Größe der ausgebreiteten Serviette mit einem Bleistift auf der Vase markieren und den Lack zunächst nur auf dieser Fläche auftragen. Lösen Sie die oberste Lage der Serviette vorsichtig ab und legen Sie sie auf den Untergrund auf. Falten werden mit den Fingern oder dem Pinsel behutsam von innen nach außen ausgestrichen, bis das Serviettenpapier glatt aufliegt. Nach dem Trocknen des Lacks grundieren Sie, wenn nötig, die übrige Fläche der Vase, schneiden die oberste Lage einer zweiten Serviette passend zu und applizieren sie wie oben beschrieben. Wenn alles getrocknet ist, werden die Überstände mit der Schere abgeschnitten oder über den Rand geklebt. Ein abschließender Auftrag von Transferlack schützt vor Flecken und Kalkablagerungen durch das Blumenwasser.

Windlichter

Material und Werkzeug

- *zylindrische Gläser in verschiedenen Größen*
- *Servietten mit Goldmotiv*
- *Schere*
- *Transferlack*
- *Pinsel*

Aus einfachen, zylindrischen Trinkgläsern lassen sich mit nur wenig Aufwand effektvolle Windlichter gestalten. Servietten mit fortlaufenden ornamentalen Mustern sind dafür besonders geeignet. Schneiden Sie die Servietten der Höhe und dem Umfang des jeweiligen Glases entsprechend mit der Schere zu. Das Glas gleichmäßig mit Transferlack grundieren, dann die oberste Lage der zurechtgeschnittenen Serviette ablösen und entlang der oberen oder der unteren Kante auf das Glas aufbringen. Die Serviette vorsichtig mit dem Pinsel oder den Fingern von der Mitte zum Rand hin glatt streichen. Nach dem Trocknen die Oberfläche mit Transferlack versiegeln. Besonders dekorativ wirkt ein Arrangement aus mehreren unterschiedlich großen Gläsern mit verschiedenen Musterabschnitten.

Kerzen mit Stiefmütterchen

Material und Werkzeug

- *Kerzen*
- *Servietten mit Stiefmütterchen*
- *Schere*
- *Transferlack*
- *Pinsel*

Schlichte Stumpenkerzen können Sie mit einem hübschen Stiefmütterchendekor ins rechte Licht rücken. Zünden Sie jedoch nur solche Kerzen an, deren Außenrand beim Abbrennen bestehen bleibt. Andere sollten einzig der Dekoration dienen. Zunächst die Servietten der Höhe und dem Umfang der jeweiligen Kerze entsprechend mit der Schere zuschneiden. Anschließend die Kerze gleichmäßig mit Transferlack bestreichen. Entfernen Sie die unteren beiden Papierlagen der Serviette und applizieren Sie die bedruckte Lage entlang der Ober- oder Unterkante vorsichtig auf die Kerze. Um Falten und Lufteinschlüsse zu vermeiden, wird das Papier mit dem Pinsel oder den Fingern behutsam von innen nach außen ausgestrichen. Nach dem Trocknen die Kerze mit einer dünnen Schicht Transferlack versiegeln.

Teller mit Rosen

Material und Werkzeug

- *Teller ohne Dekor*
- *Serviette mit Rosenmotiv*
- *Transferlack*
- *Pinsel*
- *Schere*
- *transparente glänzende Acrylfarbe*

Grundieren Sie den Teller gleichmäßig mit Transferlack. Entfernen Sie die beiden unteren Lagen der Serviette und legen Sie die bedruckte Papierlage auf den Teller auf. Drücken Sie die Serviette mit den Fingern oder dem Pinsel vorsichtig auf den Untergrund und streichen Sie sie anschließend von innen nach außen glatt.
Beim Fixieren von Servietten mit All-Over-Motiven muss sehr sorgfältig gearbeitet werden, damit das Serviettenpapier nicht einreißt. Wenn der Transferlack vollständig getrocknet ist, wird der Überstand am Tellerrand mit einer Schere abgeschnitten. Schlecht haftende Serviettenränder können nachlackiert und mit den Fingern angedrückt werden.
Zum Schluss wird der Teller dünn mit transparenter Acrylfarbe bestrichen.

Teller mit Engeln

Material und Werkzeug

- *Holzteller*
- *Serviette mit Engeln*
- *dunkelrote Acrylfarbe*
- *Pinsel*
- *Schellack*
- *Anlegemilch*
- *Blattmetall in Gold*
- *transparente matte Acrylfarbe*
- *Schere*
- *Transferlack*

Grundieren Sie die gesamte Tellerfläche mit roter Acrylfarbe. Nach dem Trocknen der Farbe den Teller mit einer Schicht Schellack versiegeln. Sobald der Schellack ausgehärtet ist, die Anlegemilch mit einem Pinsel auf den Tellerrand auftragen. Um Unregelmäßigkeiten auf der Oberfläche zu vermeiden, sollte die Anlegemilch dünn und gleichmäßig aufgebracht werden. Nach einer Trockenzeit von 12 bis 15 Minuten das Blattmetall mit dem Pinsel auf den Rand aufbringen. Überschüssiges Blattmetall mit dem Pinsel abtragen. Anschließend versiegeln Sie den Tellerrand mit transparenter Acrylfarbe. Danach das Engelmotiv mit der Schere aus der Serviette ausschneiden. Die Tellermitte mit Transferlack bestreichen und die oberste Papierlage des Motivs darauf applizieren. Mit den Fingern oder dem Pinsel von der Mitte zum Rand hin vorsichtig ausstreichen. Nach dem Trocknen das Motiv mit transparenter Acrylfarbe versiegeln.

Engel im Goldrahmen

Material und Werkzeug

- *Holzbilderrahmen*
- *Serviette mit Engel*
- *rote und cremeweiße Acrylfarbe*
- *Pinsel*
- *Schellack, Anlegemilch*
- *Blattmetall in Gold, Schere*
- *transparente matte Acrylfarbe*

Den Bilderrahmen zunächst von der Rückwand lösen und mit roter Acrylfarbe grundieren. Nach dem Trocknen der Farbe wird die Oberfläche mit einer dünnen Schicht Schellack bestrichen. Sobald der Schellack ausgehärtet ist, die Anlegemilch mit dem Pinsel dünn und gleichmäßig auf den Bilderrahmen auftragen. Nach einer Trockenzeit von 12 bis 15 Minuten das Blattmetall mit dem Pinsel auf den Rahmen aufbringen, überschüssiges Blattmetall kann am Ende mit dem Pinsel entfernt werden. Danach wird der Goldrahmen mit transparenter Acrylfarbe versiegelt. Die Rückwand mit cremefarbener Acrylfarbe grundieren und trocknen lassen. Anschließend das Engelmotiv aus der Serviette ausschneiden, die oberste Lage der Serviette ablösen und auf die Rückwand legen. Transparente Acrylfarbe mit dem Pinsel auf Motiv und Rückwand auftragen, dabei das Papier behutsam von innen nach außen ausstreichen, bis es glatt auf dem Untergrund haftet. Nach dem Trocknen des letzten Anstrichs den Bilderrahmen wieder an der Rückwand befestigen.

Bilderrahmen mit Landschaftsmotiven

Material und Werkzeug

- *Holzbilderrahmen mit Rückwänden aus Sperrholz*
- *Servietten mit Landschaftsmotiven*
- *weiße Acrylfarbe*
- *Pinsel*
- *Schere*
- *Transferlack*

Heitere Sommerstimmung verbreiten diese Momentaufnahmen eines romantischen Bauerngartens.
Zunächst die Rückwand vom Bilderrahmen lösen, beides mit weißer Acrylfarbe bestreichen und trocknen lassen. Die Rückwand mit Transferlack streichen.
Wählen Sie einen Bildausschnitt und schneiden Sie ihn den Maßen des Bilderrahmens entsprechend aus der Serviette aus.
Die beiden unteren Papierlagen entfernen, die bedruckte Lage auf die Rückwand legen. Das Papier wird von der Mitte zum Rand hin vorsichtig mit dem Pinsel ausgestrichen, um Falten und Lufteinschlüsse zu vermeiden.
Das Bild trocknen lassen und mit Transferlack versiegeln. Nach dem Trocknen des letzten Anstrichs den Bilderrahmen wieder an der Rückwand befestigen.

Keilrahmen mit Obststillleben

Material und Werkzeug

- *Keilrahmen mit Leinenbespannung*
- *Servietten mit Obstmotiven*
- *grüne und cremeweiße Acrylfarbe*
- *Pinsel*
- *Krakelierlack*
- *Schwammpinsel*
- *Schere*
- *Transferlack*

Diesen Modellen wurde durch die Verwendung von Krakelierlack ein antikes Aussehen verliehen. Grundieren Sie die Leinenbespannung des Keilrahmens zunächst mit grüner Acrylfarbe. Nach dem Trocknen der Farbe mit einem Schwammpinsel Krakelierlack auftragen und ebenfalls trocknen lassen.
Anschließend wird die Bildoberfläche mit cremeweißer Acrylfarbe angestrichen. Die Farbschicht reißt sofort auf und durch kleine Risse wird die Untergrundfarbe sichtbar. Auch den letzten Anstrich gut trocknen lassen. Schneiden Sie das gewünschte Obstmotiv aus der Serviette aus und entfernen Sie die beiden untersten Papierlagen.
Bestreichen Sie die grundierte Leinenbespannung mit Transferlack und platzieren Sie das Motiv auf der gewünschten Stelle.
Das Serviettenpapier wird mit den Fingern oder dem Pinsel vorsichtig von innen nach außen glatt gestrichen.
Nach dem Trocknen das Bild mit einer dünnen Schicht Transferlack versiegeln.

Keilrahmen mit Stiefmütterchen

Material und Werkzeug

- *Keilrahmen mit Leinenbespannung*
- *Servietten mit Stiefmütterchen*
- *hellblaue und cremeweiße Acrylfarbe*
- *Pinsel*
- *Krakelierlack*
- *Schwammpinsel*
- *Kreppband*
- *Schere, Transferlack*

Vom Frühling künden diese drei Stiefmütterchen auf einem antik wirkenden Keilrahmen.
Grundieren Sie die Leinenbespannung zunächst mit hellblauer Acrylfarbe. Nach dem Trocknen der Farbe mit einem Schwammpinsel Krakelierlack auftragen und ebenfalls trocknen lassen. Danach den Krakelierlack mit weißer Acrylfarbe übermalen. Auf der Oberfläche entstehen sofort kleine Risse, die den Anstrich alt wirken lassen. Auch diese Farbschicht sollte gut trocknen.
Schneiden Sie anschließend die Motive aus der Serviette aus und entfernen Sie die zwei untersten Papierschichten.
Das grundierte Bild mit Transferlack bestreichen und die Blumenmotive mittig darauf platzieren. Das Papier mit dem Pinsel oder den Fingern von der Mitte zum Rand hin sanft ausstreichen. Nach dem Trocknen werden die Motive mit Transferlack versiegelt. Zum Schluss mit Kreppband einen Rahmen um die Stiefmütterchen markieren und mit hellblauer Acrylfarbe ausmalen.

Weinflaschenkiste mit Trauben

Material und Werkzeug

- *Weinflaschenkiste aus Holz*
- *Servietten mit blauen Trauben*
- *feines Schleifpapier*
- *Lappen*
- *dunkelblaue und weiße Acrylfarbe*
- *Pinsel*
- *Krakelierlack*
- *Schwammpinsel*
- *Schere*
- *Transferlack*

Die Oberfläche der Holzkiste zunächst mit feinem Schleifpapier glätten, mit einem feuchten Lappen vom Staub frei machen und trocknen lassen. Grundieren Sie das Holz anschließend mit dunkelblauer Acrylfarbe. Um der Kiste ein antikes Aussehen zu verleihen, nach dem Trocknen der Farbe mit einem Schwammpinsel Krakelierlack auftragen und diesen ebenfalls trocknen lassen. Danach wird der Krakelierlack mit weißer Acrylfarbe übermalt. Die Farbschicht reißt auf und kleine Risse werden sichtbar. Auch diese Farbschicht gut trocknen lassen, am besten über Nacht. Schneiden Sie die gewünschten Traubenmotive aus der Serviette aus und entfernen Sie die beiden untersten Papierlagen. Streichen Sie alle vier Seiten der Kiste mit Transferlack ein und bringen Sie die Motive rundherum auf. Das Papier dabei mit dem Pinsel oder den Fingern behutsam von innen nach außen ausstreichen. Nach dem Trocknen die Traubenmotive mit einer dünnen Schicht Transferlack versiegeln.

Holzkorb mit Obst

Material und Werkzeug

- *Holzkorb*
- *Servietten mit Obstmotiven*
- *feines Schleifpapier*
- *Lappen*
- *cremeweiße und dunkelgrüne Acrylfarbe*
- *Pinsel*
- *Schere*
- *Transferlack*

Schlichte Holzkörbe lassen sich mit hübschen Obstmotiven in einen dekorativen Blickfang verwandeln. Die Holzoberfläche zunächst mit feinem Schleifpapier glätten, mit einem feuchten Lappen vom Staub frei machen und trocknen lassen.

Grundieren Sie den Korb in Cremeweiß und lassen Sie die Farbe gut trocknen. Schneiden Sie die gewünschten Motive aus der Serviette aus und lösen Sie die zwei untersten, unbedruckten Papierlagen ab. Anschließend die Seitenwände des Korbs mit einer dünnen Schicht Transferlack bestreichen und die Motive rundherum applizieren. Das Serviettenpapier wird mit den Fingern oder dem Pinsel vorsichtig von innen nach außen glatt gestrichen, um Falten und Lufteinschlüsse zu vermeiden. Nach dem Trocknen die Motive dünn mit Transferlack versiegeln. Zum Schluss den oberen Rand mit dunkelgrüner Acrylfarbe bemalen.

Handtuchhalter mit Gemüsemotiven

Material und Werkzeug

- *Holzbrettchen*
- *Serviette mit Radieschen und Möhren*
- *Holzhaken zum Einschrauben*
- *gelbe, orange und hellgrüne Acrylfarbe*
- *Teller, Naturschwamm*
- *Schere*
- *Transferlack*
- *großer und kleiner Pinsel*
- *Bohrmaschine*
- *passender Holzbohrer*
- *Holzleim*

Mischen Sie auf einem Teller gelbe und orange Acrylfarbe und nehmen Sie mit dem Naturschwamm nur wenig Farbe auf.
Die Farbmischung wird ungleichmäßig auf das Holzbrett aufgetupft, sodass die Grundfarbe noch durchschimmert. Anschließend bemalen Sie den Holzhaken in derselben Weise und lassen das Holz gut trocknen. Schneiden Sie dann das Gemüsemotiv aus der Serviette aus und entfernen Sie vorsichtig die beiden unteren Papierlagen.
Das Brettchen mit Transferlack bestreichen, das Motiv mittig darauf legen und mit dem Pinsel oder den Fingern behutsam von der Mitte zum Rand hin ausstreichen. Nach dem Trocknen das Brettchen mit einer dünnen Schicht Transferlack versiegeln und trocknen lassen.
Danach bohren Sie unterhalb des Motivs ein Loch in das Brettchen, versehen den Holzhaken mit Holzleim und schrauben ihn ein.
Zum Schluss fassen Sie den Rand des Handtuchhalters in Hellgrün ein.

Dose in Blau und Weiß

Material und Werkzeug

- *Vorratsdose*
- *Servietten mit blau-weißem Muster*
- *Zeitungspapier*
- *Atemschutzmaske*
- *weißes Dekospray*
- *Schere*
- *Transferlack*
- *Pinsel*

Wer seine Lieblingsteesorten in schönen Vorratsdosen aufbewahren möchte, findet hier eine dekorative Variante in Blau und Weiß. Ist keine weiße Vorratsdose verfügbar, können Sie eine Dose beliebiger Farbe mit weißem Dekospray grundieren. Verwenden Sie das Spray jedoch nur an einem gut belüfteten Ort, decken Sie Ihren Arbeitsplatz mit Zeitungspapier ab und legen Sie eine Atemschutzmaske an, bevor Sie mit dem Sprühen beginnen. Richten Sie die Sprühdose aus etwa 20 cm Entfernung auf die Vorratsdose und sprühen Sie die Farbe in mehreren kurzen Intervallen dünn auf. Die Farbschicht gut trocknen lassen.

Bestreichen Sie die Dose anschließend mit Transferlack, lösen Sie dann die oberste Lage einer Serviette ab und bringen Sie sie rund um die Dose auf. Das Papier dabei mit dem Pinsel von der Mitte zum Rand hin behutsam ausstreichen. Den Überstand können Sie nach dem Trocknen des Transferlacks einfach mit der Schere abschneiden. Für den Deckelrand schneiden Sie einen passenden Abschnitt aus der Randbordüre einer Serviette aus, die Deckelmitte dekorieren Sie mit einem ausgeschnittenen Einzelmotiv. Bringen Sie jeweils die oberste Papierlage wie oben beschrieben auf Deckelrand und Deckelmitte auf. Wenn alle Motive getrocknet sind, wird die Dose mit einer dünnen Schicht Transferlack versiegelt.

Vorratsbehälter

Material und Werkzeug

- *Vorratsbehälter aus Glas oder Plastik*
- *Servietten mit Gemüsemotiven*
- *weißes Dekospray*
- *Kreppband*
- *hellgrüne, rosa und weiße Acrylfarbe*
- *großer und kleiner Pinsel*
- *Schere*
- *Transferlack*

Grundieren Sie den Vorratsbehälter aus Glas oder Plastik zunächst mit weißem Dekospray. Arbeiten Sie an einem gut belüfteten Ort, decken Sie Ihren Arbeitsplatz mit Zeitungspapier ab und legen Sie eine Atemschutzmaske an, bevor Sie mit dem Sprühen beginnen. Richten Sie die Sprühdose aus etwa 20 cm Entfernung auf den Vorratsbehälter und sprühen Sie die Farbe in mehreren kurzen Intervallen dünn auf. Sobald die Farbschicht getrocknet ist, einen etwa 10 cm breiten Streifen im mittleren Bereich des Behälters mit Kreppband abkleben und die verbleibende Oberfläche mit hellgrüner bzw. rosa Acrylfarbe bemalen. Nach dem Trocknen der Farbe das Kreppband ablösen und den farbigen Untergrund mit weißen Zierstreifen versehen. Schneiden Sie die Gemüsemotive aus der Serviette aus und entfernen Sie die beiden unteren Papierlagen. Grundieren Sie den weißen Bereich des Behälters mit Transferlack, legen Sie die Motive auf und streichen Sie sie mit dem Pinsel oder den Fingern von innen nach außen sanft aus. Nach dem Trocknen den Behälter dünn mit Transferlack bestreichen.

Laterne mit Golddekor

Material und Werkzeug

- *Laterne*
- *Servietten mit Goldmuster*
- *Kreppband*
- *Schere*
- *Transferlack*
- *Pinsel*

Diese Serviette zaubert mit ihrem filigranen Goldmotiv ein märchenhaftes Laternenlicht.
Kleben Sie zunächst den Rahmen der Laterne an den Innenkanten mit Kreppband ab. Schneiden Sie dann den Maßen der Glaseinsätze entsprechend vier Rechtecke aus den Servietten aus und entfernen Sie jeweils die zwei unteren Papierlagen. Variieren Sie das Motiv so, dass auf jeder Glasfläche ein anderer Ausschnitt des Serviettenmusters zu sehen ist. Bestreichen Sie den Glaseinsatz gleichmäßig mit Transferlack, legen Sie den Serviettenausschnitt auf und streichen Sie das Papier mit dem Pinsel vorsichtig von der Mitte zum Rand hin glatt. Nach dem Trocknen alle Motivausschnitte mit Transferlack überstreichen.

Kerzenhalter mit Apfelmotiven

Material und Werkzeug

- *Terrakottatöpfe*
- *Serviette mit Apfelmotiven*
- *weiße und dunkelrote Acrylfarbe*
- *großer und kleiner Pinsel*
- *Krakelierlack*
- *Kreppband*
- *Schere*
- *Transferlack*
- *roter Lackstift*

Ein roter Winterapfel verkündet das Nahen des Weihnachtsfestes und setzt farbenfrohe Akzente auf diesen Kerzenhaltern. Grundieren Sie den Terrakottatopf zunächst mit weißer Acrylfarbe und lassen Sie die Farbe trocknen. Dann tragen Sie dünn und gleichmäßig Krakelierlack auf, um die Topfoberfläche antik aussehen zu lassen. Wenn der Lack vollständig getrocknet ist, streichen Sie den Topf mit dunkelroter Acrylfarbe und lassen diese ebenfalls gut trocknen. Für den farblich abgesetzten Motivuntergrund auf der Vorderseite ein der Größe des Apfels entsprechendes Viereck mit Kreppband markieren, mit weißer Acrylfarbe überstreichen und trocknen lassen. Anschließend das Apfelmotiv aus der Serviette ausschneiden und die beiden unteren Papierlagen entfernen. Die Vorderseite des Topfes mit Transferlack grundieren und das Motiv aufbringen. Streichen Sie das Papier mit dem Pinsel oder den Fingern von innen nach außen behutsam aus.

Nach dem Trocknen des Transferlacks den oberen und unteren Rand des Topfes mit dünnen weißen Zierlinien versehen, danach mit rotem Lackstift einen feinen Rahmen um den Apfel setzen. Zum Schluss die Topfoberfläche mit Transferlack versiegeln.

Schale mit Muscheln

Material und Werkzeug

- *weiße Schale*
- *Serviette mit Muscheln*
- *Schere*
- *Transferlack*
- *Pinsel*

Wie ein Stück Strandgut wirkt diese dekorative Schale mit ihrer sehr naturalistisch wirkenden Muschelbordüre.

Schneiden Sie zunächst möglichst viele Muschelmotive in verschiedenen Größen aus der Serviette aus und entfernen Sie jeweils die beiden unteren Papierlagen. Bestreichen Sie danach den Rand der Schale mit Transferlack und bringen Sie ein Motiv nach dem anderen auf. Dabei das Papier mit den Fingern oder dem Pinsel von der Mitte zum Rand hin glatt streichen, um Falten und Lufteinschlüsse zu vermeiden. Lücken können anschließend mit kleinen Muscheln aufgefüllt werden.

Nach dem vollständigen Trocknen der Motive den dekorierten Schalenrand mit einer dünnen Schicht Transferlack überziehen, damit er vor Verschmutzungen geschützt ist.

Tisch mit Rosenbouquet

Material und Werkzeug

- *Tisch*
- *Serviette mit Rosenbouquet*
- *altrosa und weiße Acrylfarbe*
- *Pinsel*
- *Krakelierlack*
- *Schere*
- *Transferlack*
- *transparente matte Acrylfarbe*

Diese Rosen scheinen förmlich aus dem Tisch zu wachsen. Grundieren Sie zunächst die Tischfläche in Altrosa und lassen Sie die Farbe trocknen. Um dem Tisch ein antikes Aussehen zu verleihen, streichen Sie die Oberfläche anschließend mit Krakelierlack. Wenn der Lack vollständig getrocknet ist, tragen Sie weiße Acrylfarbe auf und lassen diese Farbschicht ebenfalls gut trocknen, am besten über Nacht. Das Rosenmotiv aus der Serviette ausschneiden und die beiden unteren Papierlagen entfernen. Streichen Sie die Tischfläche mit Transferlack und legen Sie das Motiv auf. Das Serviettenpapier mit dem Pinsel von der Mitte zum Rand hin vorsichtig ausstreichen. Sobald der Transferlack getrocknet ist, wird die Oberfläche des Tisches mit transparenter Acrylfarbe versiegelt. So ist sie vor Verschmutzung geschützt.

Gießkanne

Material und Werkzeug

- *Gießkanne*
- *Servietten mit Stiefmütterchen*
- *hellblaues Dekospray*
- *Schere*
- *Transferlack*
- *Pinsel*

Grundieren Sie die Gießkanne zunächst mit hellblauem Dekospray. Arbeiten Sie an einem gut belüfteten Ort, decken Sie Ihren Arbeitsplatz mit Zeitungspapier ab und legen Sie eine Atemschutzmaske an, bevor Sie mit dem Sprühen beginnen. Richten Sie die Sprühdose aus etwa 20 cm Entfernung auf die Gießkanne und sprühen Sie die Farbe in mehreren kurzen Intervallen dünn auf. Die Farbschicht gut trocknen lassen. Schneiden Sie anschließend verschiedene Stiefmütterchenmotive aus der Serviette aus und entfernen Sie vorsichtig jeweils die beiden unteren Papierlagen. Streichen Sie den Transferlack auf die Oberfläche der Gießkanne und arrangieren Sie die Motive entlang der unteren Kante. Mit den Fingern oder dem Pinsel vorsichtig glatt streichen. Ist das Serviettenpapier vollständig getrocknet, die Gießkanne mit Transferlack versiegeln.

„Bin im Garten“

Material und Werkzeug

- *Massivholzplatte in gewünschter Größe*
- *Serviette mit Gartenmotiven*
- *feines Schleifpapier*
- *Lappen*
- *dunkelbraune und hellgrüne Acrylfarbe*
- *Pinsel*
- *Krakelierlack*
- *Bohrmaschine*
- *Holzbohrer 3 mm*
- *Blumenbindedraht*
- *Schere*
- *Transferlack*
- *dunkelgrüner Lackstift*

Die Oberfläche und die Kanten der Holzplatte mit feinem Schleifpapier glätten, mit einem feuchten Lappen vom Staub frei machen und trocknen lassen. Am oberen Rand der Platte zwei Löcher für die Aufhängung bohren.

Anschließend streichen Sie das Holz mit dunkelbrauner Acrylfarbe. Um dem Schild ein antikes Aussehen zu verleihen, nach dem Trocknen der Farbe Krakelierlack auftragen und diesen ebenfalls trocknen lassen. Danach den Lack mit hellgrüner Acrylfarbe übermalen und auch diesen Anstrich gut trocknen lassen. Schneiden Sie die Gartenmotive aus der Serviette aus und lösen Sie jeweils die beiden unteren Papierlagen ab.

Bestreichen Sie die Holzplatte mit Transferlack und applizieren Sie die Motive. Dabei das Serviettenpapier mit den Fingern oder dem Pinsel von innen nach außen glatt streichen. Wenn die Motive vollständig getrocknet sind, mit dunkelgrünem Lackstift den Text und die Umrahmung aufbringen und das Schild mit Transferlack versiegeln. Zum Schluss ziehen Sie Blumenbindedraht durch die Löcher und biegen die Enden zu einer Schlaufe.

Notizbuch und Stiftebecher

Material und Werkzeug

- *Notizbuch und Sperrholzbecher mit heller Oberfläche*
- *Servietten mit Arabeskenmotiv*
- *Lineal*
- *Bleistift*
- *Schere*
- *Transferlack*
- *Pinsel*

Legen Sie das Buch aufgeschlagen auf die Serviette. Zeichnen Sie den Umriss des Buchdeckels zuzüglich 2 cm Papierzugabe mit Bleistift auf die Serviette und schneiden Sie diese entlang der Markierung zu. Die unteren beiden Lagen des Serviettenpapiers entfernen. Das Buch an den Außenseiten mit Transferlack bestreichen und mit der bedruckten Serviettenlage einschlagen. Streichen Sie das Papier vorsichtig mit dem Pinsel oder den Fingern von der Mitte zu den Rändern hin glatt. Das Buch aufgeklappt mit dem Buchrücken nach oben trocknen lassen. Danach den Überstand mit Transferlack auf der Innenseite des Buchdeckels befestigen. Wenn das Serviettenpapier vollständig getrocknet ist, wird der Buchumschlag mit Transferlack versiegelt.
Eine weitere Serviette der Höhe und dem Umfang des Sperrholzbechers entsprechend zuschneiden. Anschließend den Becher gleichmäßig mit Transferlack bestreichen. Lösen Sie die unteren beiden Papierlagen der Serviette ab und applizieren Sie die bedruckte Lage entlang der Ober- oder Unterkante auf den Becher. Das Papier von innen nach außen ausstreichen.
Nach dem Trocknen den Becher mit einer dünnen Schicht Transferlack überziehen.

Schachteln mit Rentieren

Material und Werkzeug

- *runde Pappschachteln*
- *Servietten mit Rentieren*
- *weiße Acrylfarbe*
- *Schere*
- *Transferlack*
- *Pinsel*

Diese dekorativen Schachteln können mit Weihnachtsgebäck und anderen Naschereien gefüllt werden. Grundieren Sie eine einfache Pappschachtel mit weißer Acrylfarbe und lassen Sie die Farbe trocknen. Schneiden Sie anschließend das Rentiermotiv aus der Serviette aus und entfernen Sie die beiden unteren Papierlagen. Überziehen Sie den Deckel der Schachtel mit Transferlack und legen Sie das Motiv auf. Das Papier mit dem Pinsel oder den Fingern von innen nach außen behutsam glatt streichen. Für die Einfassungen am Rand schneiden Sie dem Schachtelumfang entsprechend zwei schmale Bordüren aus der Serviette aus und lösen jeweils die beiden unteren Papierlagen ab. Bestreichen Sie den unteren Schachtelrand mit Transferlack, bringen Sie die Bordüre auf und streichen Sie sie vorsichtig glatt. In derselben Weise versehen Sie den Deckelrand mit dem Serviettenstreifen. Nach dem Trocknen die Schachtel mit einer dünnen Schicht Transferlack versiegeln.

Hutschachtel

Material und Werkzeug

- *Sperrholzschachtel*
- *Serviette mit Gartenmotiven*
- *Serviette mit Goldrand*
- *Lineal*
- *Bleistift*
- *Packpapier*
- *Schere*
- *Transferlack*
- *Pinsel*

Zunächst wird die Schachtel mit Packpapier beklebt. Dafür ihren Umfang und ihre Höhe abmessen und entsprechend diesen Maßen zuzüglich 5 cm Zugabe das Papier zuschneiden. Grundieren Sie die Schachtel mit Transferlack und drücken Sie das Packpapier gleichmäßig an. Um Falten und Lufteinschlüsse zu vermeiden, das Papier mit den Händen zum Rand hin glätten. Die Ränder überstehen lassen und mit der Schere in regelmäßigen Abständen einschneiden. Mit Transferlack versehen, umschlagen und am Innenrand bzw. am Boden befestigen. Danach den Deckel auf das Packpapier legen, den Umriss nachzeichnen und den entstandenen Kreis ausschneiden.
Außerdem für den Deckelrand einen Papierstreifen mit einer Zugabe von 1,5 cm passend zuschneiden. Das Papier wie oben beschrieben auf den Deckel kleben. Schneiden Sie dann ein rechteckiges Motivformat aus der Serviette aus. Tragen Sie Transferlack auf die Schachtel auf und applizieren Sie die obere, bedruckte Papierlage des Motivs. Streichen Sie das Papier mit den Fingern behutsam aus. Anschließend dem Umriss des Behälters entsprechend vier schmale Streifen aus einer Serviette mit Goldrand ausschneiden und wie oben beschrieben mit Transferlack auf die Ränder aufbringen. Nach dem Trocknen die gesamte Schachtel dünn mit Transferlack überziehen.

Terrakottatöpfe mit Stiefmütterchen

Material und Werkzeug

- *Terrakottatöpfe*
- *Servietten mit Stiefmütterchen*
- *hellblaue und cremeweiße Acrylfarbe*
- *Pinsel*
- *Krakelierlack*
- *Kreppband*
- *Schere*
- *Transferlack*

Grundieren Sie den Terrakottatopf mit hellblauer Acrylfarbe und lassen Sie den Anstrich trocknen. Für den farblich abgesetzten und antik wirkenden Motivuntergrund auf der Vorderseite einen rechteckigen Ausschnitt mit Kreppband markieren und dünn mit Krakelierlack bestreichen. Wenn der Lack getrocknet ist, auf den oberen Topfrand und die krakelierte Fläche cremeweiße Acrylfarbe auftragen und ebenfalls trocknen lassen. Anschließend das Stiefmütterchen aus der Serviette ausschneiden und die beiden unteren Papierlagen entfernen. Das weiße Viereck auf dem Terrakottatopf mit Transferlack bestreichen und das Motiv aufbringen. Das Papier wird mit den Fingern oder dem Pinsel vorsichtig von innen nach außen glatt gestrichen. Nach dem Trocknen des Motivs den Terrakottatopf mit Transferlack versiegeln.

Tablett mit Heidelbeeren

Material und Werkzeug

- *Holztablett*
- *Serviette mit Heidelbeermotiv*
- *feines Schleifpapier*
- *Kreppband*
- *hellblaue und weiße Acrylfarbe*
- *Pinsel*
- *Krakelierlack*
- *Schere, Transferlack*
- *wasserfester Filzstift*
- *transparente matte Acrylfarbe*

Die Oberfläche des Holztabletts zunächst mit feinem Schleifpapier glätten, feucht abwischen und trocknen lassen. Dann die Innenseiten des Tablettrandes mit Kreppband abkleben und den Boden mit hellblauer Acrylfarbe grundieren. Nach dem Trocknen der Farbe Krakelierlack auftragen und trocknen lassen. Danach das Kreppband ablösen und das gesamte Tablett mit weißer Acrylfarbe anstreichen. Auch diese Farbschicht gut trocknen lassen. Anschließend schneiden Sie das Motiv aus der Serviette aus und entfernen vorsichtig die beiden unteren Papierlagen. Bestreichen Sie den Tablettboden mit Transferlack und applizieren Sie das Motiv. Streichen Sie das Papier von innen nach außen behutsam aus und lassen Sie es trocknen. Markieren Sie mit Kreppband etwa 5 cm vom Rand entfernt einen 1 cm breiten Rahmen und tupfen Sie diesen mit hellblauer Acrylfarbe aus. Um den Eindruck eines Fliesenbildes zu erwecken, teilen Sie die Fläche innerhalb des Rahmens in gleich große Quadrate ein. Die „Fugen" mit einem schwarzen Filzstift aufzeichnen, die „Fliesenecken" mit blauen Pünktchen versehen und den Tablettrand hellblau bemalen. Wenn die Farbe getrocknet ist, das Tablett mit transparenter Acrylfarbe versiegeln.

Serviettenringe mit Gänseblümchen

Material und Werkzeug

- *Serviettenringe aus Holz*
- *Servietten mit Gänseblümchen*
- *weiße Acrylfarbe*
- *Pinsel*
- *Schere*
- *Transferlack*

Schlichte Serviettenringe aus Holz lassen sich mit diesem Gänseblümchenmotiv frühlingshaft verschönern.

Bemalen Sie den Serviettenring zunächst mit weißer Acrylfarbe. Da die Motive auf den Servietten bereits auf hellblauem Grund angeordnet sind, brauchen sie nicht einzeln ausgeschnitten zu werden. Schneiden Sie der Breite und dem Umriss des Serviettenringes entsprechend einen mit Blumen bedruckten Ausschnitt zu und entfernen Sie die beiden unteren Papierlagen.

Grundieren Sie dann die Holzoberfläche gleichmäßig mit Transferlack und legen Sie das Motiv auf. Streichen Sie das Papier von der Mitte zum Rand hin mit dem Pinsel oder dem Finger behutsam glatt und lassen Sie es trocknen. Zum Schluss den Serviettenring mit Transferlack bestreichen.

Wandregal in Blau und Weiß

Material und Werkzeug

- *Wandregal aus Holz*
- *Servietten mit blau-weißem Muster*
- *feines Schleifpapier*
- *Lappen*
- *weiße Acrylfarbe*
- *Pinsel*
- *Schere*
- *Transferlack*

Blumige Muster in Blau und Weiß schaffen auf diesem Regal einen hübschen Rahmen für Tassen und Teller. Die Holzoberfläche zunächst mit feinem Schleifpapier glätten, mit einem feuchten Lappen vom Staub frei machen und trocknen lassen. Grundieren Sie dann das Regal in Weiß und lassen Sie die Farbe gut trocknen. Für die entsprechenden Stellen passende Abschnitte aus den Randbordüren der Servietten sowie große und kleine Einzelmotive in ausreichender Menge zuschneiden. Jeweils die beiden unteren Papierlagen entfernen. Anschließend das Regal an den zu dekorierenden Stellen mit Transferlack bestreichen und die Motive aufbringen. Das Serviettenpapier wird mit den Fingern oder dem Pinsel vorsichtig von innen nach außen ausgestrichen, um Falten und Lufteinschlüsse zu vermeiden. Wenn alle Motive getrocknet sind, wird das Regal mit einer dünnen Schicht Transferlack versiegelt.

Tischset mit Birnen

Material und Werkzeug

- *Sperrholzbrett in gewünschter Größe*
- *Serviette mit Birnen*
- *feines Schleifpapier*
- *Lappen*
- *Kreppband*
- *orange und cremeweiße Acrylfarbe*
- *großer und kleiner Pinsel*
- *Krakelierlack*
- *Schwammpinsel*
- *Schere*
- *Transferlack*

Die Oberfläche des Sperrholzbrettes zunächst mit feinem Schleifpapier glätten, mit einem feuchten Lappen vom Staub frei machen und trocknen lassen. Kleben Sie den Rand des Bretts etwa 4 cm breit mit Kreppband ab und grundieren Sie die verbleibende Fläche in Orange. Um den Anstrich alt wirken zu lassen, nach dem Trocknen der Farbe mit dem Schwammpinsel Krakelierlack auftragen und diesen ebenfalls trocknen lassen. Danach das Kreppband entfernen und die Platte mit cremeweißer Acrylfarbe übermalen. Auch diese Farbschicht gut trocknen lassen, dann den Rand mit schmalen orangefarbenen Zierlinien versehen. Anschließend schneiden Sie drei Birnen aus der Serviette aus und

entfernen jeweils die beiden unteren Papierlagen. Grundieren Sie die krakelierte Fläche mit Transferlack und applizieren Sie die Motive. Das Papier mit einem Pinsel vorsichtig von innen nach außen glatt streichen. Ist die Oberfläche vollständig getrocknet, wird das Tischset dünn mit Transferlack überstrichen.

Memotafel mit Heidelbeeren

Grundieren Sie die für das Bild vorgesehene Fläche zunächst mit weißer Acrylfarbe. Nach dem Trocknen der Farbe die Innenfläche der Memotafel am Rand mit Kreppband abkleben und den Rahmen mit antikblauer Acrylfarbe streichen. Diesen Anstrich ebenfalls trocknen lassen. Überziehen Sie anschließend die weiß grundierte Fläche mit Transferlack, lösen Sie die oberste Papierlage der Serviette ab und bringen Sie sie auf den Untergrund auf. Das Papier mit dem Pinsel oder den Fingern vorsichtig von der Mitte zum Rand hin ausstreichen und trocknen lassen. Danach den Überstand an den Rändern mit einem Bastelmesser abschneiden und die Bildoberfläche mit Transferlack versiegeln.
Zum Schluss die Farbe an einigen Stellen der Rahmenkanten mit Schleifpapier anschleifen. So erhält der Rahmen ein interessantes antikes Aussehen.

Material und Werkzeug

- *Memotafel mit Rahmen*
- *Serviette mit Heidelbeermotiv*
- *weiße und antikblaue Acrylfarbe*
- *Pinsel*
- *Kreppband*
- *Schere*
- *Transferlack*
- *Bastelmesser*
- *feines Schleifpapier*

Dose mit Tulpenmotiv

Material und Werkzeug

- *Dose aus Acrylglas in Herzform*
- *Serviette mit Tulpenmotiv*
- *weiße Acrylfarbe*
- *Pinsel*
- *Schere*
- *Transferlack*

Dosen aus Acrylglas erhalten durch die Dekoration mit Blumenmotiven ein edles Aussehen. Bei diesem Modell wurde die Serviette außen aufgebracht, alternativ können Sie das Motiv auch auf der Innenseite der Dose applizieren.

Grundieren Sie die Außenseite der Dose zunächst gleichmäßig mit weißer Acrylfarbe und lassen Sie die Farbe gut trocknen. Danach die Deckelaußenseite mit Transferlack bestreichen, die oberste Papierlage der Serviette ablösen und auf den Deckel aufbringen. Das Motiv wird mit dem Pinsel oder den Fingern von innen nach außen sanft ausgestrichen, um Falten und Lufteinschlüsse zu vermeiden. Nach dem Trocknen des Papiers den Überstand am Deckelrand mit der Schere abschneiden und die Dose mit einer dünnen Schicht Transferlack versiegeln. Wenn Sie das Blumenmotiv auf der Innenseite der Dose fixieren möchten, bringen Sie die Serviette zunächst mit Transferlack von innen auf den Deckel auf, sodass das Motiv durch das Acrylglas zu sehen ist. Nach dem Trocknen bestreichen Sie die Doseninnenseite mit weißer Acrylfarbe.

Bilderrahmen mit Muscheln

Material und Werkzeug

- *dreiteiliger Bilderrahmen mit Rückwand aus Sperrholz*
- *Serviette mit Muscheln*
- *weiße Acrylfarbe*
- *Pinsel*
- *Schere*
- *Transferlack*

Zunächst die Rückwand vom Bilderrahmen lösen, beides mit weißer Acrylfarbe bestreichen und trocknen lassen.
Schneiden Sie anschließend die gewünschten Muschelmotive aus der Serviette aus und entfernen Sie jeweils die beiden unteren Papierlagen. Die Rückwand mit Transferlack bestreichen und die Motive aufbringen. Das Serviettenpapier wird mit den Fingern oder dem Pinsel behutsam glatt gestrichen. Sind die Motive getrocknet, werden sie mit einer dünnen Schicht Transferlack versiegelt. Nach dem Trocknen des letzten Anstrichs den Bilderrahmen wieder an der Rückwand befestigen.

Jutesack mit Engeln

Material und Werkzeug

- *Jutesack*
- *Serviette mit Engeln*
- *heller Baumwollstoff in passender Größe*
- *Haftvlies*
- *Stickgarn in Gold*
- *Sticknadel*
- *Schere*
- *Transferlack*
- *Teller*
- *Pinsel*

Dieser mit Serviettenmotiven dekorierte Jutesack passt gut in die Weihnachtszeit und kann bei Bedarf bei 30° mit der Hand gewaschen werden.

Verstärken Sie zunächst ein quadratisches Stück Baumwollstoff mit Haftvlies und bügeln Sie es auf die Vorderseite des Jutesackes.

Umsticken Sie anschließend den Stoffrand mit goldfarbenem Stickgarn.

Das Engelmotiv einschließlich des Goldrahmens aus der Serviette ausschneiden und die beiden unteren Papierlagen entfernen. Verdünnen Sie den Transferlack auf einem Teller mit etwas Wasser, um ihn streichfähiger zu machen. Legen Sie den Jutesack auf eine feste Unterlage und platzieren Sie das Bild mittig auf dem hellen Baumwollstoff.

Bestreichen Sie dann das Motiv von der Mitte zum Rand hin vorsichtig mit Transferlack, bis es glatt auf der Unterlage haftet. Falten oder Lufteinschlüsse können mit den Fingern ausgestrichen werden.

Lassen Sie das Serviettenpapier und den Stoff gut trocknen und überziehen Sie das Motiv anschließend mit einer dünnen Schicht Transferlack.

Bezugsquellen

Farben und Lacke:

Creative Hobbies GmbH
Bamberger Straße 21
96215 Lichtenfels

Die Servietten stammen u. a. von folgenden Firmen:

Ideal Home Range
Brookdamm 3
49632 Essen / Oldenburg

Creative Hobbies GmbH
Bamberger Straße 21
96215 Lichtenfels

Möbel:

Car Selbstbaumöbel
Ellerbrookskamp 4
22397 Hamburg

Weinflaschenkorb:

Göttinger Werkstätten gGmbH
Elliehäuser Weg 20
37079 Göttingen

Memotafel / Hutschachtel:

Unipan Vertriebsgesellschaft mbH
Postfach 1226
94202 Regen